Lourdes Miquel / Neus Sans

Por amor al arte

Prentice
Hall

Upper Saddle River
New Jersey 07458

Diseño de la colección y cubierta: Àngel Viola

ISBN: 0130993743
Depósito Legal: M-27000-1991
Printed in Spain by Raro, S.L.
Distributed in North America by Prentice Hall

Hay cosas que se hacen por
amor, otras se hacen por amor al
arte...
Esta la hice por las dos cosas.

Lunes, 15 de octubre

He pasado un puente[1] estupendo. He estado con unos
amigos en un pueblecito de la Sierra[2]. Ha hecho un tiempo
maravilloso y lo he pasado muy bien. El único problema es
que he comido muchísimo, demasiado. Todo el día comien-
do chuletas de cordero[3] con patatas fritas. Hoy mismo he
empezado una dieta. Voy a comer ensalada y fruta toda la
semana.

Esta tarde ha venido un cliente a encargarme un nuevo
caso. Ha llegado a media tarde, sobre las seis o seis y media.
Margarita, la secretaria, me ha dicho:

—Lola, en la sala de espera hay un nuevo cliente.

—Ya puede pasar —le he dicho yo.

—Oye, Lola, una cosa...

—Dime.

—Mírale los ojos... —me ha dicho Margarita.

—¿Los ojos? ¿Por qué?

—Son los ojos más bonitos que he visto nunca...

—¡Pobre Tony! —le he dicho yo y Margarita rápidamente se ha ido a su despacho un poco enfadada.

Tony es el novio de Margarita. Están todo el día hablando por teléfono. Margarita trabaja poco, la verdad. Lee revistas del corazón[4], se arregla las uñas, se pinta los ojos y habla por teléfono con su novio... Pero le tengo cariño.

Cuando ha entrado el nuevo cliente, me he quedado sin respiración. ¡Qué ojos, Dios mío[5] ! ¡Qué ojos, qué nariz, qué boca, qué cuerpo, qué todo...! ¡Qué hombre...!

—¿Lola Lago? Soy ...

"Harrison Ford", he pensado yo.

—... Cayetano Gaos, el propietario de la galería de arte "Acanto"...

—Encantada —he dicho. Y era exactamente la verdad.

—Un amigo de un amigo mío me ha dado tu dirección.

—Ah, ¿sí? ¿Quién?

—Alonso de la Prada.

—Ah, claro, Alonso... Hace mucho que no nos vemos.

Con Alonso de la Prada tuve una apasionada historia de amor de tres fines de semana. Después desapareció. Ni una llamada telefónica ni una carta. Nada.

—¿Qué tal está? —le he preguntado muy educadamente.

—Muy bien —me ha contestado—. Se va a casar dentro de poco con una holandesa, creo, y se van a vivir a Estrasburgo...

—Ah, me alegro.

En realidad me he alegrado sólo de una cosa: el imbécil

de Alonso le ha hablado de mí a Cayetano y Cayetano, el hombre más guapo que he conocido, ha venido a verme. A verme a mí.

—Bueno —ha continuado Cayetano—, yo he venido para ofrecerte un trabajo.

—Dime.

—Hace unos meses compré unos cuadros de un famoso pintor. Urpiano se llama. No sé si lo conoces.

Yo no tenía ni idea. Últimamente tengo mucho trabajo y ni voy a exposiciones ni leo el periódico. Pero he mentido:

—Sí, claro que sé quién es.

—¿Te gusta la pintura?

—Me encanta —he dicho haciéndome la interesante.

La pintura me gusta, la verdad, pero no entiendo nada. Pero no tengo porqué dar explicaciones a desconocidos. Y menos a un desconocido tan guapo.

—Bueno, el caso es que compré varios cuadros en una subasta en Barcelona, en Sitehevist...

—Ah, en Sitehevist...

—Me gasté muchísimo dinero... Unos cincuenta millones...

" ¡Cielo santo! 6" he pensado. Nunca he visto juntos ni un millón de pesetas. Pero, como una buena actriz, he dicho:

—Cincuenta...

—Pero me parece que son falsos.

—O sea, que compraste unos cuadros por cincuenta millones de pesetas sin saber si eran auténticos o no.

—No, no... Los cuadros son auténticos. Los especialistas de Sitehevist los estudiaron y son auténticos.

—Entonces no lo entiendo —he dicho yo.

—Me parece que todos, todos, repito, los cuadros de Urpiano son falsos...

—Como van a ser falsos todos los cuadros de un pintor... —he dicho sonriendo con inteligencia.

—Pues porque Urpiano no existe, creo.

—¿Cómo?

—Que Urpiano no existe. Creo que es una mentira. Un montaje, vaya. Y quiero que tú lo descubras.

—¿Y por qué no vas a la policía?

—La única posibilidad que tengo de recuperar los cincuenta millones de pesetas es descubrir que Urpiano, el famoso pintor surrealista, no existe... Si descubrimos eso y podemos probarlo, estoy salvado. Me voy a convertir en un experto. Más experto que muchas casas de subastas famosas en el mundo...

«Es una buena explicación», he pensado.

—O sea —he dicho— que voy a descubrirlo yo, pero te vas a hacer rico tú...

—Pienso pagarte bien.

—Ah, ¿sí? ¿Cuánto?

Soy una mujer terriblemente práctica a veces.

—Setecientas cincuenta mil pesetas por descubrirlo y, luego, un uno por ciento de mis ganancias...

Nadie me ha pagado nunca setecientas cincuenta mil pesetas por un caso. Pero no iba a decírselo a él.

—¿Y los gastos? —le he preguntado.

—Los gastos los pago yo, naturalmente.

—Está bien. De acuerdo. Necesito cien mil pesetas por adelantado. Y una cosa...

—¿Sí?

—Si dentro de dos meses todavía no lo hemos descubierto, puedes darle el caso a otro detective o si no...

—Si no, ¿qué? —me ha preguntado.

—Si sigo yo, tendrás que pagarme doscientas mil cada mes. ¿De acuerdo? Setecientas cincuenta mil hasta diciembre más los gastos. Y a partir de mediados de diciembre, doscientas mil al mes más los gastos, naturalmente... Y, luego, el uno por ciento...

—De acuerdo.

Y se ha ido. Aquí tengo su dirección y sus teléfonos. Mañana tengo una reunión con mis socios. Es el caso más estimulante de los últimos años. Y no sólo por el arte.

Martes, 16 de octubre

Esta mañana he tenido la reunión con mis socios. A las nueve de la mañana ha llegado Margarita. Es la primera vez en la historia que llega puntual.

—¿Qué haces tan pronto? —le he preguntado.

—Lola, ¿tiene que venir el chico de ayer?

—¿Te encuentras bien, Margarita? ¿De quién hablas?

—Del chico ése de ayer. El de los ojos... Cayetano Gaos se llama, ¿no?

—No, no tiene que venir —le he dicho muy seria.

—Pero volverá, ¿no?

—Algún día, Margarita, algún día...

—Ay, eso espero.

Se ha sentado en su mesa y ha llamado a su novio. Sin ningún problema: "Sí, mi amor". "No, mi amor", "Claro, mi amor", "Un besito muy fuerte, mi amor"...

Luego ha llegado Feliciano, el chico de los recados. Feliciano es muy joven, muy feo, pero encantador. Fundamentalmente le gustan dos cosas : comer bocadillos y Margarita. Está secretamente' enamorado de Margarita. Muchos días le escribe poemas. Ella no lo sabe. Yo sí. Soy detective.

Miguel, uno de mis socios ha llegado pronto como siempre. Y Paco, el otro socio, ha llegado, como siempre, tarde.

—Perdonadme, pero es que he tenido un lío tremendo... —nos ha dicho Paco.

—¿Cómo se llama ella esta vez? —le he preguntado.

He pronunciado "ella" con mucha claridad. Paco es un gordito encantador que todo el día come chocolate y todas las noches sale con alguna mujer amiga suya. Miguel, sin embargo, es un tímido que se pone enfermo cuando tiene que salir con cualquier mujer, sin contar ni a su madre ni a mí.

—"Ella" —ha dicho Paco un poco enfadado— se llama problemas con el Banco... ¿Me has entendido bien? Problemas con el Banco. He ido a la Caja⁷ a las ocho y media de la mañana y he estado hasta ahora.... Debo no sé cuánto dinero a no sé cuánta gente...

—Pronto vamos a ser ricos, Paco... —le he dicho y les he contado el encargo de Cayetano Gaos y sus condiciones económicas. Están encantados. No les he dicho que Cayetano es guapísimo. En el fondo son muy celosos.

Nos hemos repartido las funciones. Bueno, las he repartido yo. Soy la jefa.

—Lo primero que tenemos que hacer es averiguar exactamente quién es Urpiano, el pintor. Eso lo hago yo. Tú, Paco, vas a irte a Barcelona a hablar con Anna Ricart, una amiga mía que tiene una galería de arte y que puede darnos mucha información. Y tú, Miguel, vas a hablar con Miguel Angel Murillo, el catedrático[8] de Arte ese tan famoso...

Miguel ha dicho un poco enfadado.

—¿Y por qué no voy yo a Barcelona y Paco habla con el catedrático?

—Por mí no hay problema... —le he contestado —Pero como en Barcelona tienes que hablar con una mujer, muy guapa, además...

Miguel se ha puesto colorado y Paco se ha asustado un poco.

—Yo prefiero quedarme en Madrid —ha dicho Miguel inmediatamente.

Y hemos empezado a trabajar.

He ido a la Hemeroteca Nacional[9]. He revisado los periódicos y revistas de los últimos años para informarme rápidamente sobre Urpiano y su pintura. He escrito un pequeño resumen. Mañana pienso leérselo a mis socios. Tenemos que estar bien informados.

Mañana por la tarde voy a ir a ver a Javier Mezquíriz, un pintor muy famoso, muy amigo mío. A ver si me explica cosas interesantes sobre Urpiano.

Son las once de la noche. Tengo hambre. He cenado una ensalada de tomate y un kiwi. Encima de un armario de la cocina tengo una caja de bombones. Escondidos para no comérmelos. Voy a comerme uno, sólo uno. Y luego me acuesto.

Miércoles, 17 de octubre

Me comí toda la caja. ¡Un cuarto de kilo de bombones! Ahora tengo que hacer otra semana de dieta. Ahora o nunca.

A las diez y media de la mañana Margarita nos ha traido un café a Paco, a Miguel y a mí a la sala de reuniones. O sea, a mi despacho. Después les he dado unas fotocopias con un resumen de la vida de Urpiano.

Esto es exactamente lo que he escrito:

"Nace en El Roncal, un pueblo navarro [10], a finales del siglo pasado. Estudia en Santander y pronto se va a Francia. Vive en varias ciudades francesas pero, hacia 1920, va a París. En París conoce a André Breton, Max Ernst, Salvador Dalí y Pablo Picasso. Sus cuadros son cubistas, con influencias surrealistas. Hacia los años treinta se va a vivir a Figueres [11] y pasa mucho tiempo con Dalí en Port Lligat y en Cadaqués [12]. De esta época son sus mejores cuadros. Después de la Guerra Civil [13], se traslada a Argentina y ya nunca más se vuelven a tener noticias de él. Parece que muere en Buenos Aires a final de los años setenta. Parece, también, que tuvo muchos problemas económicos y que vendió todos sus cuadros por muy poco dinero.

En 1980 aparecen en España tres de sus

cuadros. Los críticos de arte lo descubren. Publican muchos artículos sobre él y los cuadros suben rápidamente de valor. Urpiano se pone de moda. Desde ese momento empiezan a aparecer cuadros suyos. En el pasado año se han subastado más de treinta obras suyas y se han pagado fortunas. Por uno de los cuadros, "Tú en el Ampurdán", el Museo de Arte Moderno (MOMA) de Nueva York ha pagado más de quinientos millones de pesetas. Sus cuadros se han subastado en las más importantes galerías de arte del mundo. Sothebys, en Nueva York, se ha especializado en los últimos años en este pintor".

Cuando Miguel ha terminado de leerlo, ha dicho:

—¡Qué bestia!

—¿Quién? —le he preguntado yo—. ¿Urpiano?

—No, yo.

—¿Tú? ¿Por qué?

—Porque no tenía ni idea de que existía este pintor tan importante.

—Yo tampoco —ha dicho Paco.

—Ni yo —he tenido que confesar también—. Pero es normal, ¿no?

—¿Normal? —ha dicho Miguel muy sorprendido—. Nosotros somos unas personas cultas. Hemos estudiado en la Universidad, viajamos, vemos exposiciones, vamos a museos y, sin embargo, no conocemos a Urpiano...

—Miguel —le he dicho—, yo digo que es normal porque hasta mil novecientos ochenta nadie conocía sus obras...

—Pobre hombre, ¿no? —ha dicho Paco.

—¿Quién —he preguntado—. ¿Miguel?

—No, Urpiano. Es el gran pintor desconocido... Tan

bueno como Dalí, pero todo el mundo conoce a Dalí y nadie lo conoce a él...

—Bueno, bueno, pero a lo mejor Urpiano no existe —les he recordado —. Nuestro cliente, Cayetano Gaos, piensa que Urpiano nunca ha existido. Y nosotros tenemos que descubrir si eso es verdad...

Margarita ha entrado en ese momento:

—Paco, aquí tienes el billete de avión para Barcelona. Está abierto, ¿eh?

—Mejor.

—¿A qué hora piensas irte? —le he preguntado yo.

—Después de comer. Es que hoy tengo una comida importante, muy importante.

—Ah, ¿sí? —he dicho con cierta ironía —¿Y cómo se llama ella? —"Ella" lo he pronunciado muy claramente.

Esta vez he acertado.

—Violeta —ha dicho Paco, un poco colorado.

—Mmm, un nombre de flor...Un nombre muy bonito. La otra tenía nombre de virgen[14], ¿verdad? ¿Cómo se llamaba? ¿Mercedes? ¿Lourdes? ¿Pilar?

—Macarena —ha contestado Paco de mal humor.

—Ah, sí, es verdad. Macarena. Sevillana, ¿no?

—Sí —ha dicho Paco aún más enfadado.

—¿Y ésta de dónde es?

A veces soy un poco mala... Pero Paco es bastante machista y a mí los hombres machistas no me gustan nada.

—Uruguaya.

—Bueno, al menos no tienes problemas con el idioma.

—Muy graciosa —ha dicho Paco, verdaderamente enfadado.

Mis socios son así. Uno, un mujeriego incorregible y el otro, un tímido incorregible. Claro que yo también soy muy mía[15]: a Miguel le digo que tiene que salir con más mujeres y a Paco le digo que tiene que salir con menos mujeres. La vida es un lío.

—¿En qué hotel vas a estar en Barcelona? —le he preguntado a Paco cambiando de tema.

—No lo sé todavía. A lo mejor voy a casa de una amiga.

—Ejem[16] —ha dicho, solamente, Miguel.

Nos ha dado a todos un ataque de risa.

—Bueno, pero acuérdate de que el Hotel Sarriá está muy bien, Paco. ¿Vale?

—De acuerdo. Mañana por la mañana os llamo y os doy mi dirección.

—¿Cuándo piensas volver? —le ha preguntado Miguel.

—Pasado mañana. Mañana hablo con la amiga de Lola y pasado mañana vuelvo.

—Muy bien. Pues hasta pasado mañana.

—Adiós y buen viaje.

—Adiós, nena. Hasta pasado mañana.

—Grrr —le he dicho a Paco como despedida. Me llama "nena"[17] y no lo soporto.

Antes de comer he llamado a Javier Mézquiriz, mi amigo pintor.

—¿Diga?

—¿Javier? Soy Lola Lago.

—La conocida detective...

En realidad ha dicho "*Lago*nocida detective". Siempre hace juegos de palabras.

—Te necesito —le he dicho.

—Al fin —ha contestado él como un enamorado loco de pasión.

—¿Puedes tomar una copa conmigo?

—¿Cuándo?

—Lo antes posible. ¿Puedes esta tarde?

—¿Esta tarde? No sé... ¿Hoy qué día es?

Los genios nunca saben en qué día viven.

—Miércoles —le he contestado—. Miércoles, 17 de octubre.

—¿Ya estamos en octubre?

No he querido decirle en qué año estamos. No quería sorprenderlo.

—A ver —ha seguido diciendo Mezquíriz—... No sé qué tengo que hacer hoy... Espera un momento, voy a preguntárselo a Gloria...

Gloria es su mujer y su agenda. He esperado un ratito.

—¿Lola...? Oye, que sí que puedo... ¿A qué hora quedamos?

—Pues no sé... ¿Qué tal a las ocho?

—¿A las ocho...? A ver... No sé...

Está claro. A Javier Mezquíriz le cuesta concretar citas. He esperado un rato más. Al final ha dicho.

—Mejor a las ocho y media...

—Vale, de acuerdo. A las ocho y media. ¿Dónde?

—¿Te va bien en el Café Central?[18]

—Perfecto —he contestado enseguida.

En el Café Central hay siempre mucho ruido a las ocho y media de la noche. Pero no importaba. Todo, menos seguir hablando de esa cita con Javier.

Hemos estado hablando mucho rato de Urpiano. Me ha dicho:

—A mí hay cuadros que me gustan mucho y otros que no me gustan nada... Me parece muy desigual...

—¿Pero es tan bueno como dicen?

—Psé. Está de moda. Ha sido el pintor maldito... El desconocido... Y ahora la gente paga millones por cualquiera de sus cuadros. Incluidos los malos.

—¿Y tú sabes por qué nadie lo conocía antes de 1980?

—Sé lo que sabe todo el mundo, que se fue a Argentina después de la guerra, que tuvo problemas económicos y que murió sin dinero y sin fama...

—¿Y no sabes nada más?

—Hay muchas teorías...

—Ah, ¿sí?

—Hay gente que dice que es el mismo Dalí...

—¿En serio?

—Pero no puede ser...

—¿Por qué? —le he preguntado.

—Porque Dalí dibuja muy bien y Urpiano dibuja bastante mal...

—Ah, ya.

—Otros dicen que Urpiano era mejor que Dalí y que Dalí hablaba mal de él...

—Y así nadie compraba sus cuadros...

—Exactamente.

Siempre lo he dicho: soy una magnífica detective.

—¿Y nadie dice que Urpiano no ha existido nunca? —le he preguntado al final.

—No, ¿ves? Eso no lo dice nadie...

—¿Y qué te parece la idea?

—Un poco surrealista...

—Bueno, Urpiano es surrealista...

—Surrealista pero posible, la verdad. En el mundo del arte actual todo es posible.

Después hemos hablado de Gloria, su mujer, que es una conocida fotógrafa y que pronto va a exponer sus fotografías en Sitehevist, la famosa galería de arte. También hemos hablado de Carlota, su hija. Me ha enseñado unas fotos. Es guapísima.

He llegado a casa tarde y cansada. No he cenado. No por la dieta, no. No he cenado porque no había nada en la nevera. He regado las plantas, he visto las noticias de la tele y he pensado en Urpiano y en Cayetano Gaos. Mañana lo pienso llamar. Para ir a ver los cuadros de Urpiano. Al menos teóricamente.

Jueves, 18 de octubre

Esta mañana, después de telefonear a Cayetano Gaos, me he puesto un vestido negro, muy bonito, que tengo para las fiestas. No ha sido muy práctico para ir en mi vieja Vespa. pero no me ha importado. Iba a ver a Cayetano Gaos a su estudio, un «loft» maravilloso delante del Palacio Real [19], en la Plaza de Oriente, muy cerca de mi casa.

«Estoy guapa, muy guapa», he pensado cuando me he

visto en el espejo. «Y parezco delgada. Lo parezco, pero no lo estoy».

He llamado al timbre del piso de Cayetano. Ha abierto la puerta él. ¡Qué hombre, Dios mío!

—Hola, Lola. Pasa, pasa.

—Hola, ¿qué tal?

—¿Qué quieres tomar?

Yo tenía muchas ganas de tomar un café. He dicho:

—Nada , gracias[20].

Ha insistido:

—¿Seguro que no quieres tomar nada?

—¿Tienes café hecho? —le he preguntado.

—No, pero lo hago. Siéntate, enseguida vuelvo.

Me he quedado mirando el salón. Desde las ventanas se ve perfectamente la Casa de Campo y la Sierra[21]. También he mirado los muebles, los cuadros, los libros y los objetos del salón de Cayetano. Conclusión: vive solo. No vive con ninguna mujer. Lo noto.

Enseguida ha venido Cayetano con una enorme cafetera, dos tazas, azúcar, leche y unas galletas. A mí me encanta el café sólo. He tomado no sé cuántas tazas mirando a Cayetano.

—He empezado a investigar —le he dicho—. Uno de mis socios está en Barcelona. Todavía no tengo novedades, pero pronto las tendré. Ahora necesito ver los cuadros de Urpiano. ¿Los tienes aquí o en la galería?

—Los tengo aquí. Ven conmigo.

Hemos pasado por su dormitorio. Tiene una cama de más de dos metros de ancha. ¡Ay!

Al fondo está el estudio. Lleno de cuadros por todas partes. Me ha enseñado los de Urpiano.

—¿Ves? —me ha dicho—. Es medio cubista y medio surrealista. Tiene cosas como Dalí y cosas como Juan Gris , Braque o como Picasso en su época cubista...

—Sí, sí, es evidente —he dicho con una seguridad increíble. Increíble para mí—. ¿Puedo tocarlos? —le he preguntado.

—Por supuesto. Eres mi detective.

Me ha gustado ese posesivo. «*Mi*», ha dicho. Mmm.

He cogido los cuadros y los he puesto al revés.

—Oye —me ha dicho Cayetano riéndose—, la pintura está en el otro lado...

—Los detectives somos así...

He mirado los cuadros por detrás durante mucho rato. Le he pedido a Cayetano una lupa, unas tijeras y un martillo. Me lo ha traído todo un poco sorprendido. He cortado un trozo de tela de detrás del cuadro y he cogido un poco de la madera de detrás. Lo voy a llevar al laboratorio para investigar la antigüedad. Además, he hecho un gran descubrimiento: en algunas de las telas pone, en un rincón, «Figueres». Creo que es una buena pista. Pero no le he dicho nada a Cayetano. Los buenos detectives hablamos poco. Sólo hablamos cuando estamos muy seguros de algo. Y yo sólo estoy segura de una cosa: amo desesperadamente a Cayetano Gaos.

Al despedirnos me ha dado dos besos [22]. Sé que no significa nada. Pero me ha gustado.

Por la tarde he estado un poco tonta pensando en Cayetano. Pero mi cerebro de detective ha funcionado bien: «Figueres» es la ciudad donde Urpiano vivió y donde está el Museo Dalí. ¿Por qué pone «Figueres» en la tela, detrás del lienzo? ¿La tela es de Figueres? ¿Compraba Urpiano las telas en Figueres? ¿Y Dalí?

Me apetece un viaje al Ampurdán[23] . Nunca he estado en otoño.

Viernes, 19 de octubre

Miguel me ha explicado su entrevista con Murillo, el catedrático de Arte.

—Urpiano es un buen pintor, me ha dicho Murillo, pero peor que Dalí.

—Javier Mezquíriz tambien dice lo mismo.

—Y, además, Murillo no entiende por qué la gente paga tanto dinero por sus cuadros...

—Javier Mezquíriz tampoco. Oye, Miguel, ¿Murillo cree que Urpiano existe?

—Cree que sí. Pero no sabe nada de su vida. Bueno, sabe lo mismo que nosotros...

—No hemos avanzado mucho...

—No, la verdad. A ver qué nos cuenta Paco.

Paco ha llegado sobre las doce. Ha entrado en mi despacho y ha dicho:

—Soy feliz, muy feliz, el hombre más feliz del mundo...

Me he imaginado por qué. Pero Miguel se lo ha preguntado.

—Porque —ha contestado Paco —he conocido a la mujer de mi vida...

Paco conoce a la mujer de su vida cada quince días, más o menos.

—Ah, ¿sí? ¿Quién?

—Anna Ricart, la amiga de Lola. Es tan guapa, tan simpática, tiene tanto sentido del humor, tiene tan buen gusto, sabe tanto de arte...

Paco no exageraba. Anna es así. Pero Paco ha ido a Barcelona a trabajar. Por eso le he dicho muy seria:

—Y, además de enamorarte, ¿has conseguido algo más?

—Poco más. Anna dice lo que ya sabemos: Urpiano es un pintor maldito, descubierto hace unos años y demasiado bien pagado...

—¿Y Anna cree que Urpiano puede no haber existido?

—Le gusta la idea. Le parece genial... Ah, Lola, me ha dicho que te llamará para invitarte a la próxima exposición que va a organizar...

—¡Qué bien! Pero, a lo mejor, la veo antes... —les he dicho.

—¿El qué? ¿La exposición? —me ha preguntado Miguel.

—No, a Anna. A lo mejor me voy a Figueres a pasar el fin de semana.

—¡Qué suerte! —me han dicho Miguel y Paco a la vez— . ¿Y por qué?

Y entonces les he contado mi visita a Cayetano Gaos ayer por la mañana y mis descubrimientos.

—¿Y qué has hecho con la madera y el trozo de tela? —me ha preguntado Miguel.

—Lo tengo aquí. ¿Puedes llevarlo esta tarde al laboratorio de la policía?—le he pedido a Miguel.

—¿Vas a decírselo a la policía?

—Claro que no. Pero Paco tiene una amiga policía que

trabaja en el laboratorio.Y ella puede estudiarlo sin decir nada a los otros policías, ¿verdad Paco?

—Sí, seguro.

—¿Y por qué tengo que ir yo, Lola? Si es amiga de Paco... —ha dicho Miguel completamente asustado porque tiene que ver a una mujer.

—Paco no puede ver a más mujeres...Está enamorado de Anna Ricart —he dicho con mucha ironía...

—Pero puedo ir a ver a ésta. Es muy amiga mía... —ha dicho, enseguida, Paco.

Miguel ha mejorado de repente y se ha puesto a reír. Paco ha cogido la madera y la tela y se ha ido, enfadado, al laboratorio.

Sábado, 20 de octubre

Esta mañana he cogido un avión para ir a Barcelona, luego he alquilado un coche y me he ido a Figueres. Hacía un día maravilloso: sol, nada de viento y bastante calor. He ido toda la mañana con una camiseta de algodón y con la chaqueta en la mano. Por la tarde ha empezado a hacer fresco, pero menos que en Madrid.

He paseado por el centro de Figueres y he entrado en el museo Dalí. Dalí es un pintor sorprendente. He visitado todas las salas. En una de ellas había un grupo de turistas japoneses con un guía que decía:

—Colores fuertes: rojo, verde, azul... Pero también gris claro, azul cielo, rosa, beige...

¡Pobres turistas! No sé por qué los guías siempre explican lo que se ve. Cuando se han ido, me he quedado sola en la sala. He descolgado unos cuadros. Unos cuadros de la misma época que los de Urpiano. La alarma ha empezado a sonar. Unos minutos después ha llegado la policía. Yo he dicho:

—Un hombre ha intentado coger los cuadros...

—¿Por dónde se ha ido? —me ha preguntado un policía.

—Por esa puerta de la izquierda.

Todos los policías se han ido corriendo por la puerta que yo he dicho. Los cuadros se han quedado en el suelo. Les he dado la vuelta y los he mirado atentamente. Detrás pone: «Arc en ciel» en todos ellos.

«Ajá...». Mi olfato de detective empieza a funcionar.

Al salir del Museo lo he encontrado todo cerrado. En Figueres cierran todas las tiendas a la una de la tarde. Las costumbres aquí son más francesas que españolas. He ido a un hotel delante del Museo Dalí, he reservado una habitación y, luego, he ido a comer al restaurante «Ampurdán». Un día es un día [24].

Después de comer he ido al hotel para dormir un rato. Nunca hago la siesta, pero hoy estaba muy cansada. A eso de las cinco de la tarde he llamado a Miguel a Madrid.

—¿Diga?

—¿Miguel? Soy Lola.

—¿Dónde estás?

—En Figueres. Tienes que venir. Tengo una intuición.

—Dios mío —ha dicho Miguel un poco asustado.

Mis socios están acostumbrados a mis intuiciones. Cuando tengo una intuición, nos metemos en un lío.

—¿Llamo a Paco? —me ha preguntado Miguel.

—Sí, por favor. Y le explicas que te vienes a Figueres.

—¿Y él no va a venir?

—De momento, no. Lo necesitamos en Madrid.

—De acuerdo. Dentro de un rato cojo un avión a Barcelona.

—También puedes hacer otra cosa... —le he dicho.

—¿Qué?

—Coger el Talgo [25] de Madrid a Port Bou[26] y bajarte en Figueres...

—¿Y qué Talgo es? ¿El de la noche?

—Sí, el que sale a las diez y media u once de Madrid. Me parece que llegas a Figueres a las diez de la mañana...

—Ah, pues muy bien.

—Mañana por la mañana te recojo en la estación de Figueres, ¿te parece?

—Estupendo. Hasta mañana.

—Adiós, buen viaje y hasta mañana.

En Figueres he estado buscando tiendas de pintura y dibujo. He encontrado tres. En todas he comprado un lienzo para pintar. En ninguna de las tres pone «Figueres». Tiene que haber otra tienda en esta ciudad. En esta ciudad o en esta región. Mi olfato de detective y yo no nos equivocamos nunca. En la última tienda he preguntado:

—¿Hay alguna otra tienda de dibujo aquí en Figueres?

—Sí, está «Diseño Art», pero los sábados por la tarde esta cerrado.

—¿Puede decirme dónde está, por favor?

—Sí, mire, está en la Plaza de la Palmera, muy cerca de la carretera de Rosas[27].

—Pues muchas gracias.

—De nada.

Iré el lunes por la mañana con Miguel.

A última hora de la tarde he ido a Rosas. Me he paseado por la bahía y he visto una puesta de sol maravillosa. Luego he vuelto al hotel de Figueres. Voy a dormir con la ventana abierta. Porque hace calor y porque así veo algunas de las esculturas de Dalí. Un lujo.

Domingo, 21 de octubre

He desayunado como una vaca: tostadas con mantequilla y mermelada, dos croissants y café con leche... A las diez y diez he recogido a Miguel en la estación:

—¿Qué tal el viaje?

—Bien, pero tengo mucho sueño.

—¿No has podido dormir?

—No mucho. Nunca puedo dormir en los trenes ni en los aviones...

—Pues despiértate, que tenemos mucho trabajo. ¿Has estado alguna vez por aquí?

—No, es la primera vez.

—Pues te va a encantar. Además hace un tiempo maravilloso.

Hemos ido un momento al hotel a dejar la maleta de Miguel y luego nos hemos ido a Port Lligat a ver la casa de

Dalí. Estaba cerrada pero hemos visto unas cuantas esculturas en el jardín. Después, nos hemos ido a Cadaqués. A Miguel le ha encantado todo, incluidas las gambas que hemos comido.

A media tarde hemos dado un paseo junto al mar. En una de las casas más antiguas del pueblo, debajo de unas arcadas, hemos visto una galería de arte. Estaba abierta y hemos entrado. Era una exposición de una pintora catalana. Los cuadros no me han gustado mucho. Pero yo no soy crítico de arte, soy detective. O sea: según mi costumbre, he cogido dos cuadros y les he dado la vuelta. Cuando la pintora ha visto sus cuadros al revés, ha empezado a gritar:

—Pero...¿ Qué hace...?

—¿Yo? —he dicho ingenuamente—. Nada. Se caían...

Miguel estaba horrorizado. La pintora ha venido, ha cogido los cuadros y los ha puesto bien. No me ha importado. Detrás de la tela ponía: «Figueres».

—Perdone —le he dicho—, ¿usted dónde compra las telas para pintar?

—¿Cómo?

—Que dónde compra usted las telas, o sea, los lienzos.

—¿Y a usted qué le importa? —me ha contestado, muy enfadada, la pintora.

—Perdone —le he dicho—, pero es muy importante para mí saberlo. Cuestión de vida o muerte.

Los detectives siempre tenemos que mentir.

La pintora ha pensado que estoy loca y me ha dicho:

—¡En Figueres!

—Sí —le he dicho yo—, pero ¿dónde?

Ha gritado:

—En «Diseño Art».

No necesitaba decir más. Hemos salido de la exposición. Miguel, medio enfermo. Yo, encantada.

—Miguelito, el lunes tenemos que ir a «Diseño Art».

—¿ Para qué? ¿Para organizar un escándalo como el de hace un momento?

Miguel es un hombre discreto y no soporta los líos que organizo a veces.

Le he explicado todo lo que he hecho para saber dónde compraba Urpiano la telas para pintar. Dónde las compraba o dónde las compra.

—Es curioso... —ha dicho Miguel paseando junto al mar.

—¿El qué?

—No hay ninguna calle, ni ninguna galería de arte, ni ningún bar «Urpiano». Pero hay cientos de cosas que se llaman Dalí: «Bar Dalí», «Hotel Dalí», «Dalí galería de arte»...

—Es verdad... Pero, claro, Dalí es más conocido...

—Sí, sí, pero es curioso...

Hemos seguido paseando y, luego, nos hemos sentado en un bar para tomar algo. El camarero nos ha traído la carta:

—Mira, Miguel, también hay un bocadillo que se llama Dalí... —he dicho yo, riéndome.

—Ah, ¿sí? ¿Y de qué es?

—Pues no lo sé.

—Pues tenemos que preguntarlo. En Madrid se lo pienso preparar a Feliciano. Seguro que no lo ha comido nunca.

Miguel es un sentimental. Aquí, en uno de los pueblos más bonitos de la Costa Brava, junto al Mediterráneo y trabajando en uno caso al lado de una guapa mujer —o sea, yo— piensa en Feliciano y su afición por los bocadillos. Tengo unos socios maravillosos.

No he querido cenar nada. Hace una semana empecé una dieta, me parece.

Lunes, 22 de octubre

Nos hemos levantado a las ocho, hemos desayunado en el hotel y hemos ido a «Diseño Art». La dependienta es una chica de unos veinticinco años, guapísima. Antes de entrar en la tienda Miguel me ha dicho:

—Yo me quedo aquí.

—¿Por qué? —le he preguntado extrañada.

—Porque estoy nervioso.

Otra vez Miguel y su timidez con las mujeres. Muy seria le he dicho:

—Esta vez, Miguel, vas a entrar y vas a hablar con ella. ¿De acuerdo? O haces eso o te vuelves a Madrid.

Yo sabía que iba a funcionar. Miguel está encantado en este viaje y no tiene ganas de volver a Madrid.

—Bueno, de acuerdo, está bien, pero hablas tú...

—Vale.

Hemos entrado los dos.

—Hola, buenos días.

—Buenos días, ¿qué desean?

—Queríamos ver telas para pintar...

—O sea, lienzos, ¿no? Pasen por aquí...

Nos hemos ido los tres al fondo de la tienda.

—Aquí están —ha dicho la dependienta—. Pueden cogerlos ustedes mismos...

—Gracias.

Miguel y yo hemos estado mirando los lienzos. Por detrás, claro. Es mi nueva costumbre. En todos ponía: «Figueres». Estaba segura. Ya sabemos una cosa: en Figueres hay cuatro tiendas de dibujo y sólo en una detrás de los lienzos pone «Figueres». Ahora tenemos que saber otra cosa: ¿cuántos años tiene esta tienda?

—Tienen una tienda estupenda —le he dicho a la dependienta.

—Gracias —me ha contestado sin dar importancia a lo que le he dicho.

—¿Cuántos años tiene esta tienda?

—Bastantes. Empezamos en 1978.

«¡Ajá! Urpiano empieza a ser conocido en 1980... O sea, dos años después...» Otra vez mi intuición de detective. De detective y de mujer.

—¿Y tienen un cliente que se llama Arnal Ballester?

—Pues no lo sé. Un momento, lo voy a mirar —ha dicho la dependienta.

—¿Quién es Arnal Ballester?

—Un dibujante amigo mío...

—¿Y tú crees que compra aquí sus cosas?

—No... Pero quiero ver dónde tienen las fichas de los clientes...

La dependienta ha entrado en un despacho, ha mirado un fichero, ha salido, ha cerrado con llave y ha guardado la llave en un cajón. Necesito a Miguel.

—Miguel, ¿por qué no empiezas a hablar con ella...?

—¿Cómo? ¿Con..., con ella?

—Tienes que ser amable con ella... Le tenemos que hacer unas preguntas...

—¿Por qué yo?

—Porque voy a conseguir una llave.

—¿Una llave?

—Habla con ella y luego te lo explico...

Miguel estaba de color rojo, colorado como un tomate[28]. Pero es un buen profesional y le ha preguntado a la dependienta:

—¿Hace mucho tiempo que trabajas aquí?

Miguel es alto, fuerte y guapo. La chica ha decidido contestar a todas sus preguntas.

—¿Cómo te llamas?

—María ¿Y tú?

—Miguel.

Les he dejado y he ido a ver unas cosas. Unas cosas al lado de un cajón. Dentro del cajón estaba la llave del despacho. Ha sido fácil. Un minuto después tenía la llave en el bolsillo. La chica le decía a Miguel:

—¿Y vas a quedarte muchos días?

Miguel ha mentido:

—Me voy después de comer.

—¡Qué pena! —ha dicho la dependienta.

—Bueno —he dicho yo—, nos vamos.

Y nos hemos ido.

En la comida le he dicho a Miguel:

—Necesitamos el fichero de los clientes de «Diseño Art».

—¿Y has pensado cómo conseguirlo?

—Sí. Esta tarde vamos a volver a la tienda...

—¿Otra vez?

—Bueno, vas a volver tú y vas a hablar con la dependienta Vas a ligártela[29].

—¿Yo? ¡Estás loca!

—Vas a ligártela. Entonces yo voy a entrar en la tienda, pero ella no tiene que verme...

—Pero, Lola...

—Yo entro, voy al despacho, abro con esta llave, cojo el fichero y, luego, salgo y ya está.

—No me gusta nada la idea.

—¿Tienes otra mejor?

—Sí, tú hablas con la chica y yo entro, voy al despacho, abro con la llave, cojo el fichero, salgo y ya está...

—Sólo hay un problema —he dicho yo.

—¿Cuál?

—Que ella quiere hablar contigo, no conmigo...

Era verdad. Miguel lo ha aceptado.

Después de comer, he subido con Miguel a su habitación del hotel. Le he escogido yo la ropa: unos vaqueros, una camisa azul claro, un jersey beige y la cazadora de ante marrón.

—Estás guapísimo —le he dicho.

—Muy graciosa.

Miguel no estaba para bromas.

A las cinco y media ha entrado en «Diseño Art». La dependienta ha dicho:

—No te has ido...¡Qué bien!

—Me he quedado para estar contigo... —le ha dicho Miguel muy colorado.

32

Yo estaba escondida cerca de la puerta. Unos minutos después Miguel y la dependienta han ido hacia el fondo de la tienda, donde están los lienzos . No sé para qué, la verdad. Entonces he entrado. He ido directamente a la puerta del despacho, he abierto la puerta con la llave que he cogido esta mañana y me he metido dentro. No veía nada pero no podía encender la luz. Tenía que actuar rápido. En la mesa había dos ficheros. «¡Cielos! ¿Cuál es el fichero de los clientes?» Los detectives no podemos dudar: he cogido los dos y los he metido en mi bolso. Siempre llevo bolsos grandes. Iba a salir pero he oído:

—¡¡María!! ¡María!, ¿dónde estás? ¿Dónde estás, María?

Era una voz de hombre. De hombre mayor. Rápidamente he pensado: «Está al lado de la puerta del despacho... Va a entrar. ¿Y María? ¿Quién es María? ¿La dependienta? ¿Y por qué no contesta? ¿Qué está haciendo Miguel?».

La gente cree que los detectives somos como los de las películas americanas. Yo, con dos ficheros en el bolso, asustada, al lado de la puerta, parecía «La pantera rosa».

—¿María? ¡¡¡María!!!

El hombre estaba cada vez más enfadado. Yo he pensado: «Éste es el propietario de la tienda. Seguro.» Pero ¿dónde estaba María?»

De repente he oído:

—Estoy aquí, señor Torner. Enseñándole unos lienzos a este señor...

—Ah, bueno —ha dicho el jefe—. ¿Tiene la llave del despacho? En el cajón no está.

«¡Cielo santo! —he pensado yo—. Quiere entrar en el

despacho.... Y van a descubrir que la llave no está, que la puerta está abierta y que yo —yo, la magnífica detective— estoy aquí dentro con todos los ficheros de la tienda...»

No tenía miedo, la verdad. Sólo vergüenza.

Pero allí estaba Miguel. Ha dicho:

—Usted es el señor Torner, ¿verdad? El propietario, ¿no?

—Sí, señor.

—Pues quería preguntarle por una cosa del fondo de la tienda... ¿Puede venir un momento conmigo?

Un vendedor es un vendedor. Ha aceptado acompañar a su posible cliente al fondo de la tienda.

Y entonces he salido. He salido del despacho y de la tienda. Pero no me he ido muy lejos. Enseguida he vuelto a entrar. Desde la puerta he dicho:

—¿Miguel? ¿Estás ahí Miguel?

—Dime, Lola —ha dicho Miguel desde el fondo.

—Es que tenemos el coche mal aparcado...

—Ahora mismo voy.

Así hemos conseguido salir de la tienda con los ficheros y sin problemas con el propietario. Miguel estaba un poco triste. Creo que María le ha gustado. Mejor.

Hemos ido directamente al hotel. Mañana por la mañana vamos a estudiar los ficheros. No sé si vamos a descubrir algo. Pero, al menos, ya tenemos trabajo. También vamos a llamar a la oficina. Para controlar la situación y para saber si Paco tiene ya los resultados del laboratorio.

Martes, 23 de octubre

A las diez de la mañana he llamado a la oficina. Antes es inútil.

—Lola Lago, detective, ¿diga?

—¿Margarita? Lo siento, no soy Tony. Soy Lola.

—Ay, Lola, ¿qué tal? —Margarita disimula mal. Prefiere a su novio Tony.

—Estupendamente. ¿Está Paco por ahí?

—Sí, acaba de llegar. Ahora se pone.

Se ha puesto.

—Hola, nena, ¿qué tal estáis?

—Primero, no me llamo «nena», me llamo Lola... y segundo, te recuerdo que entras a trabajar a las nueve de la mañana...

—Ya veo que estás de muy buen humor...¿Hay novedades?

—Pocas. ¿Sabes algo del laboratorio?

—Sí. Creo que Cayetano Gaos tiene razón. La madera y la tela sólo tienen ocho años.

—¿Ocho?

—Sí, ocho. Ni uno más.

—¡Bien! Cayetano tiene razón. Urpiano no existe. Ahora necesitamos más pruebas.

—Más pruebas y saber quién está detrás de Urpiano.

—Exacto. Pero Miguel y yo ya hemos empezado...

—Ah, ¿sí? ¿Qué habéis hecho?

—Muchas cosas. Sabemos dónde compra el falso Urpiano los lienzos para sus cuadros y tenemos una lista de clientes de la tienda. Ahora tenemos que estudiar las fichas y empezar a actuar.

—¿Puedo ir yo también?

—De momento, no.

—Por favor, Lola...

—Ya te llamaremos. Hasta pronto.

Luego, en mi habitación, Miguel y yo hemos empezado a mirar las fichas de los clientes de «Diseño Art». Tres horas después ya teníamos unas cuantas cosas claras.

—Sólo cuatro personas son clientes desde 1.978.

—Por tanto uno de ellos es el falso Urpiano...

—Suponemos.

—Voy a escribir los nombres y las direcciones para irlos a ver —ha dicho Miguel.

—A verlos o a espiarlos...

—Espiarlos es más divertido, ¿no?

—Otra cosa, Miguel. Aquí, detrás de las fichas, pone los colores que compra cada cliente...

—A ver...

—Mira, el señor Maldonado, por ejemplo, utiliza el sepia, el ocre, el bermellón... ¿Lo ves?

—Sí, sí...

—¿Tú sabes cómo se llaman los colores que utiliza Urpiano?

—No, ni idea.

Entonces he tenido una idea genial.

—Voy a llamar a Cayetano —he dicho.

La excusa perfecta para volver a oír su voz.

—¿Sí? —han dicho al otro lado del teléfono.

—¿Cayetano? Soy Lola Lago.

—Hombre, Lola, ¿qué tal?

—Muy bien. Oye, mira, estoy en Figueres, investigando, y necesito saber los colores que utiliza Urpiano.

—Pues mira, normalmente utiliza rojo, verde, claro y oscuro, azul cielo y azul marino, gris claro, gris oscuro, blanco y negro. Ah, y utiliza también un color muy especial, el «carmín de granza». Es un color rojo oscuro.

—Voy a escribirlo. ¿Cómo has dicho? ¿»Carmín»?

—Sí, técnicamente se llama «Carmín de Granza».

—¿De qué?

—De Granza. Ge, ere, a, ene, zeta, a.

—¿ Y por qué dices que es un color muy especial?

—Bueno, es que, en el cubismo, lo utilizan muy pocos pintores.

—Una detective siempre necesita un experto al lado...— he dicho pronunciando muy bien la palabra «experto».

Le ha gustado.

—Y un experto siempre necesita a una detective —ha dicho.

«Pero no sólo para trabajar», he pensado. Sin embargo, he dicho:

—Pronto vas a tener noticias mías. Buenas noticias.

—Magnífico.

—Hasta pronto.

—Cuidate —me ha dicho Cayetano.

Me ha gustado.

Después Miguel y yo nos hemos puesto ha mirar el fichero de «Diseño Art». Sólo tres clientes utilizan el color «Carmín de Granza». Hemos escrito sus nombres y sus direcciones en un papel. Los tres viven en Rosas.

Hemos cogido el coche y nos hemos ido a Rosas. Cuando hemos llegado, media hora después, muchas personas estaban en la playa tomando el sol. Hacía un día estupendo.

—¿Sabes cómo se llama este paseo? —me ha preguntado Miguel.

—A ver... Avenida de Rhodes...

—Ah, pues uno de los clientes de «Diseño Art» vive en la Avenida de Rhodes...

—Ah, ¿sí? ¿En qué número?

—En el 54.

He aparcado y hemos ido al número 54 de la Avenida. Son unos apartamentos.

—El señor se llama Fernando Quintana Moncada.

Hemos buscado su nombre en los buzones de la planta baja.

—Mira, aquí está. Quintana Moncada. Quinto segunda.

Hemos subido al quinto y hemos llamado al timbre. No ha contestado nadie.

La vida de los detectives es más complicada que en la películas.

—¿Qué hacemos? —me ha preguntado Miguel.

—Pues vamos a buscar al segundo cliente...

Al salir de los apartamentos, hemos visto que delante, en la playa, había un viejecito pintando un cuadro. Hemos ido a mirarlo. Estaba pintando un paisaje de Rosas: la bahía, los barcos, el mar, la arena... Una pintura muy realista. Como una postal.

Yo he pensado: «Éste no es el falso Urpiano. El falso Urpiano es joven. Seguro».

—Buenas —le ha dicho Miguel—. ¿Qué? ¿Pintando?

—Pues sí —ha contestado el viejecito—. ¿Les gusta?

38

—Muy bonito —le hemos contestado los dos.

—¿Usted siempre pinta paisajes? —le he preguntado.

—Sí, siempre.

—Ah, es que Miguel, este chico, pinta cuadros surrealistas...

—Huy, qué horror... —ha dicho el viejecito—. A mí esos pintores tan modernos no me gustan nada...

—Ah, pues a mí Dalí y los cubistas me encantan —ha dicho Miguel...

—Yo —ha dicho el viejecito— hace casi quince años que vivo aquí y nunca he ido al Museo Dalí de Figueres... Nunca...

O era el mejor actor del mundo o él no era el falso Urpiano.

—Bueno —he dicho—, nosotros nos vamos. Hasta pronto.

—Adiós, hasta otro día, jovencitos [30]. Yo paso todas las mañanas aquí. Vivo aquí delante, en el quinto segunda.

Nosotros ya lo sabíamos.

Hemos vuelto al coche. Miguel ha dicho:

—El segundo cliente de «Diseño Art» se llama Eduardo Arco Iris y vive en la Urbanización Solymar, calle del Rosal, n.º 15. ¿Sabes dónde está?

—Ni idea. Espera un momento. Voy a preguntárselo a un guardia.

En la Plaza del Ayuntamiento un guardia me lo ha explicado todo.

—Ya está —le he dicho a Miguel al volver al coche. Hay que seguir recto hasta el final del paseo. Luego tenemos que girar a la izquierda y subir por esa montaña. Hay un cartel que pone «Solymar».

Diez minutos después estábamos en la calle del Rosal, n.º 15, una casita muy pequeña con jardín. Hemos llamado al timbre. Un hombre de unos treinta y cinco años, bastante guapo, ha abierto la puerta.

—¿Sí?

—¿Es usted Eduardo Arco Iris? —le he preguntado.

—Sí, soy yo.

He empezado a mentir. Los detectives mentimos siempre.

—Somos representantes de la casa "Colours"... Estamos haciendo una encuesta entre nuestros clientes...

—Yo nunca contesto a las encuestas —ha dicho Eduardo.

—Pero —he dicho yo con mi mejor sonrisa—, ésta es una encuesta muy especial.

—Ah, ¿sí? ¿Por qué? —me ha preguntado.

—Porque si contesta, puede ganar un viaje al Museo de Arte Moderno de Nueva York y un millón de pesetas en pinturas...

—No está mal —ha dicho y nos ha dejado pasar.

Miguel estaba muy orgulloso de mí. Yo también.

La casa estaba llena de cuadros pintados y a medio pintar. Había cuadros por todas partes: en el salón, en el dormitorio, en el pasillo y en la cocina... En el lavabo no sé...

—Pinta usted unos cuadros muy bonitos, preciosos —le he dicho—¿Puedo verlos tranquilamente?

Los artistas agradecen eso.

—Claro, por supuesto.

Miguel se ha quedado con él haciéndole preguntas

sobre sus colores preferidos y yo he paseado por toda la casa. Había más de doscientos cuadros. Todos horribles.

Al volver al salón le he preguntado:

—¿Y usted se dedica solo a la pintura?

—No, qué va. Yo soy profesor en un Instituto[31] de Figueres. Trabajo por las tardes. Y por las mañanas me dedico a pintar.

—Ah, muy bien. Bueno, pues muchísimas gracias. Ah, y si gana el viaje, lo llamamos por teléfono, ¿de acuerdo?

—Muy bien.

Y nos hemos ido.

—¿Qué te parece? —me ha preguntado Miguel.

—Que no es Urpiano.

—¿Por qué estás tan segura?

—Mira, en la casa hay más de doscientos cuadros. Los cuadros no se parecen en nada a los de Urpiano.

—No, en nada.

—Y además, Eduardo Arco Iris trabaja en un Instituto por la tarde...

—Sí, ¿y qué?

—¿Cuándo tiene tiempo el pobre Eduardo para pintar los cuadros de Urpiano? ¿Eh? ¿Cuándo?

—Es verdad —ha dicho Miguel .

—Y, además, hay otra cosa...

—¿Sí? ¿Cuál?

—En la casa de Eduardo Arco Iris no hay sitio para esconder ni un solo cuadro...

—Es verdad —ha vuelto a decir Miguel.

¿Qué harían mis socios sin mí?

—Bueno —ha dicho Miguel—, ahora tenemos la

tercera y última oportunidad. Si el próximo cliente de «Diseño Art» no es el falso Urpiano significa que nos hemos equivocado...

—¿Cómo se llama éste?

—Ésta. Es una mujer. Se llama Ángela Hernández Ramón y vive en la calle de las Camelias, 10...

La calle de las Camelias estaba muy cerca de la calle del Rosal. Enseguida hemos llegado a un «bungalow» muy pequeño con un jardincito lleno de flores y plantas.

—Ya sabemos una cosa de Ángela Hernández... —ha dicho Miguel.

Esta vez me ha sorprendido.

—¿Sí? ¿Cuál?

—Que le encantan las flores.

Era evidente.

Hemos llamado al timbre pero no ha contestado nadie. Hemos decidido ir a comer y volver por la tarde.

Hemos comido una paella buenísima en un restaurante al lado del mar. Después del café hemos vuelto a casa de Ángela Hernández. Tampoco estaba.

A las siete de la tarde ha empezado a hacer fresco. Miguel y yo nos hemos metido en el coche y hemos decidido esperarla dentro.

Media hora después ha entrado en la casa una mujer de unos cincuenta años, guapa, no muy alta y muy deportiva.

—Vamos —le he dicho a Miguel.

Hemos llamado al timbre.

—¿Sí?

—¿Es usted Ángela Hernández?

—Sí, soy yo.

—Mire, somos de «Colours», la marca de pinturas que usted utiliza para sus cuadros y...

Le hemos dicho lo mismo que a Eduardo Arco Iris. Nos ha dejado entrar.

La casa es muy pequeña: el recibidor, un salón, un dormitorio, una cocina y un lavabo. No parecía la casa de una pintora.

—¿Podemos ver alguno de sus cuadros? —le he preguntado.

—Bueno, es que últimamente no tengo mucho tiempo para pintar...

—¿Ahora no está pintando ningún cuadro?

—No, ahora, no —nos ha contestado.

—¿Y no tiene ningún cuadro suyo aquí?

—Sólo tengo uno. Ése que está en el recibidor.

Me he levantado para mirarlo.

—Ah, pues es muy bonito —he dicho—. Parece Gaugin[32].

—Sí, pero Gaugin era un buen pintor y yo no —ha dicho. Me ha parecido simpática.

—¿Y cómo es que no tiene tiempo de pintar?

—Es que yo soy enfermera, ¿sabéis? Para mí la pintura es sólo un «hobby»[33].

—Ah, ¿sí? ¿Es usted enfermera?

—Por favor, llamádme de tú. No soy tan vieja...

—O sea que eres enfermera, ¿y dónde trabajas?

—En un hospital de Gerona.

—Pues nada, tienes que trabajar menos y pintar más...

Nos hemos reído. Entonces Miguel le ha preguntado.

—¿Te interesa la pintura moderna? No sé, Dalí, Urpiano, Picasso...

He notado algo raro. Mi intuición otra vez. Ella ha contestado.

—Me encanta. En realidad, me gusta toda la pintura. ¿Tenéis alguna pregunta más?

Otra vez algo raro. Lo he notado.

—No, nada más. Muchas gracias —le he dicho.

—Gracias a vosotros. Y ya me diréis si me ha tocado el premio...

Al salir Miguel ha dicho:

—Ésta tampoco es Urpiano...

Y yo he contestado:

—No sé, no sé... No estoy tan segura... Vamos a hacer una cosa, Miguel, nos vamos a quedar cerca de la casa... Quiero saber qué hace Ángela Hernández esta noche...

Miguel no ha preguntado nada. Mi intuición es mi intuición.

Hemos entrado silenciosamente en el jardín y nos hemos quedado al lado de una gran ventana. Ángela no ha hecho nada especial: se ha puesto un pijama, se ha preparado la cena, ha visto un rato la televisión y, antes de acostarse, ha llamado por teléfono.

—¿Estás bien Eloy? —ha preguntado.

Yo he pensado: «Tal vez es su novio». Luego Ángela ha dicho:

—¿Y Esther qué tal está? Bueno, pues muchos besos a todos, ¿eh? Mañana os vuelvo a llamar.

«No es su novio», he deducido. Su familia, quizá.

A las once y media Ángela Hernández ha apagado

la luz y nosotros nos hemos ido a tomar una pizza a Figueres.

Miércoles, 24 de octubre

He pasado toda la noche pensando en Ángela Hernández. Es simpática y agradable, parece muy inteligente, pero hay algo raro... No sé.

Después de desayunar he revisado los ficheros de «Diseño Art».

—Miguel —he dicho un rato después—, esta tarde vamos a volver a casa de Ángela Hernández.

—¿Qué has descubierto?

Así me gusta. Miguel sabe que he descubierto algo.

—Estoy mirando la ficha de Ángela Hernández en «Diseño Art». Este año ha comprado más de trescientos tubos de pintura y el año pasado compró sólo ciento setenta y cinco... Este año ha comprado sesenta lienzos y el año pasado, cuarenta y cinco...

—Pero ella dice que ahora no tiene tiempo para pintar...

—Ése es el problema. ¿Por qué compra más pintura y más lienzos este año? ¿Por qué si no tiene tiempo para pintar?

—¿Crees que nos ha mentido?

—Tal vez sí o tal vez no.

Otra vez mi intuición. Creo que no ha mentido, que, de verdad, ella no tiene tiempo para pintar, pero...

A las siete de la tarde estábamos otra vez delante de casa de Ángela Hernández. Ha llegado a las ocho en punto con unas bolsas de un supermercado. Yo he ido corriendo a la ventana de la cocina . Ángela ha puesto unas cosas en la nevera. Después se ha ido a duchar. Un rato después ha salido de su dormitorio con un traje precioso. Estaba muy guapa. Ha ido a la cocina y ha cogido salmón ahumado, caviar, tostadas, mantequilla y champán y lo ha metido en una bolsa de plástico.

«Va a ver a un hombre», he pensado. Las mujeres sólo compramos salmón y caviar cuando vamos a cenar con un hombre.

Ángela ha salido de casa y ha cogido el coche. Miguel y yo la hemos seguido. Primero ha ido por una carretera secundaria, luego ha girado a la izquierda y ha cogido una carretera muy estrecha llena de curvas y, de repente, ha desaparecido.

Miguel y yo no entendíamos nada. No había ningún cruce. La carretera seguía, pero Ángela Hernández y su coche habían desaparecido. Hemos bajado del coche. Andando, hemos descubierto un pequeño camino a la izquierda. Hemos subido al coche otra vez y nos hemos metido por el camino. Unos kilómetros después hemos visto unas luces.

—Para el coche —me ha dicho Miguel.

Hemos bajado y nos hemos metido entre los árboles. Delante había una casa magnífica, una masía [34] enorme.

«Ah, o sea que tiene un novio millonario...», he pensado. Y entonces se me ha encendido una luz.

—Miguel, tenemos que entrar en esa casa como sea...

—¿Ahora?

—Sí.

—Pero, ¿por qué?

Le he contestado de una manera un poco especial:

—Paco y tú no sabéis la suerte que tenéis con una jefa como yo...

Lógicamente no ha entendido nada.

La casa está rodeada por un jardín enorme con piscina y pista de tenis. Nos hemos acercado a una de las ventanas. Dentro estaba Ángela Hernández con un chico de unos treinta años, alto, moreno y con barba. Guapísimo. Estaban cenando el salmón y el caviar y tomaban champán.

«Lo sabía», he pensado. En voz baja le he dicho a Miguel.

—Miguel, ése es Urpiano. Bueno, el falso Urpiano.

—¿Y tú cómo lo sabes? —me ha dicho muy sorprendido.

—Soy la mejor detective de España, nene.

—Grrr.

—Tenemos que entrar en la casa y encontrar el lugar dónde «Urpiano» pinta sus cuadros...

—Voy un momento al coche a buscar la cámara de fotografiar.

—Perfecto.

Yo he preparado mi llave maestra. Puedo entrar en cualquier casa.

Cuando ha llegado Miguel, le he dicho:

—Vamos.

Hemos entrado por una puerta que está al lado de la cocina.

Por dentro la casa es una auténtica maravilla. Una casa de millonarios: cuadros de pintores famosos, esculturas de Chillida[35], muebles antiguos, alfombras persas...

—Me parece que tienes razón —ha dicho Miguel.

Ángela y el falso Urpiano seguían en el salón. Bueno, en uno de los salones. Miguel y yo hemos subido al piso de arriba: dormitorios enormes, cuartos de baño, pasillos, terrazas... Todo lleno de objetos de arte, flores y plantas... Al final del pasillo hemos entrado en una habitación muy grande llena de libros. Parecía una biblioteca pública.

—Lola, aquí ya no hay más habitaciones...

—¿Y dónde puede estar el estudio de Urpiano?

—Pero... —ha dicho Miguel en voz baja —, a lo mejor te has equivocado y este hombre no es el falso Urpiano...

—Sé que no me estoy equivocando... A ver, en este estudio no hay ninguna puerta más, ¿verdad?

—No.

—Pues, entonces, es como en las películas...

—¿«Como en las películas»? O sea, que hay que buscar una puerta escondida...

—Exacto, Miguelito, exacto.

Hemos empezado a buscar. En una pared no había libros, sólo cuadros. He empezado por ahí. Nada. De repente Miguel me ha dicho:

—¡Mira, Lola!

La estantería se estaba moviendo. Detrás había una habitación más grande todavía llena de cuadros. ¡De cuadros de Urpiano!

—¿Ves cómo yo tenía razón? —es lo primero que le he dicho a Miguel. Las mujeres somos así.

—Magnífico, Lola...

Hemos hecho todas las fotos posibles de los cuadros que está pintando. Después hemos cerrado la puerta, la falsa puerta, y hemos salido de la biblioteca. Cuando estábamos a mitad del pasillo hemos oído:

—¡Qué ganas tenía de estar contigo!

Era Ángela.

—Vendemos unos cuantos cuadros más y a vivir para siempre...

Le ha dicho él.

Miguel y yo nos hemos metido en un dormitorio. Ellos han pasado al lado de nuestra puerta, pero han entrado en otro. Menos mal. Unos minutos después hemos salido de la habitación y nos hemos ido.

Ya en el coche le he dicho a Miguel:

—Mañana tenemos que volver. Tenemos que conseguir todas las pruebas posibles: fotos de la casa, fotos de él... En fin, todo lo que podamos conseguir.

—De acuerdo.

—¡Qué sueño tengo! ¿Conduces tú, Miguelito?

—Claro que sí.

Y hemos vuelto a nuestro hotel de Figueres. Mañana por la mañana seguimos.

Jueves, 25 de octubre

Estoy agotada.

Por la mañana hemos vuelto a casa del falso Urpiano.

49

Ángela ya se había ido porque su coche no estaba. Hemos entrado por la cocina. En la planta baja no había nadie.

—¿Qué hacemos si Urpiano, o cómo se llame, está trabajando en el estudio?

—Ni idea.

No sé por qué, yo sabía que no iba a estar.

Hemos entrado en la biblioteca. La pared que comunica con el estudio estaba cerrada. Miguel ha tocado algo, la pared se ha movido... Afortunadamente en el estudio no había nadie. Hemos hecho muchísimas fotos: de la pared de la biblioteca, del estudio, de los cuadros...

—Tengo una idea —ha dicho Miguel.

—¿Cuál?

—Seguro que en la biblioteca hay algún papel o algo... ¿Por qué no miramos un poco?

—Vale.

En un archivo había una carpeta que ponía: «Urpiano».

—Aquí por lo menos hay mil artículos de periódico y revista... —ha dicho Miguel.

—O sea, que tienen todos los artículos que han salido sobre Urpiano.

—Exacto.

—¡Ajá!

Luego, he buscado en los cajones del escritorio. Había un pasaporte. El pasaporte del novio de Ángela. Lo sé por la foto. Lo he cogido. Si piensa escaparse fuera de España no va a poder. Es vasco, de San Sebastián. Se llama Koldo Arregui Elorza y tiene treinta y un años.

Nos hemos ido a Figueres. He pagado el hotel. Miguel me ha acompañado en nuestro coche alquilado hasta Barcelona. Yo he cogido el avión de las siete menos cuarto y él se ha quedado. Mañana tiene que devolver los ficheros de «Diseño Art». Y me parece que, además, quiere despedirse de María, la dependienta. Mmm.

A las siete y media he llegado a Madrid y una hora después estaba en mi casa, en la Plaza de la Paja[36]. Dos mil quinientas pesetas me ha costado el taxi. Carmela, mi vecina, una sesentona, vasca, muy amiga mía, me ha dejado una nota en el salón. «Te he regado las plantas y he dejado comida hecha en el congelador. Sólo tienes que ponerla en el microondas. Un beso. Carmela»

Algunos días me invita a cenar. Es muy buena cocinera. Cuando me voy fuera, le dejo la llave. Es como una madre, pero sin los inconvenientes de las madres.

En el congelador había comida para diez personas. Carmela es así. He puesto un pollo a la chilindrón[37] en el horno y he empezado a revelar las fotos. Mañana veré a Cayetano Gaos. ¡¡¡Bien!!!

Viernes, 26 de octubre

Paco, Margarita y Feliciano estaban muy aburridos. Estos días no han tenido nada de trabajo. Por eso, Margarita se ha pintado las uñas dos veces al día y ha leído todas las revistas del corazón, Feliciano ha engordado un kilo gracias a los bocadillos y a que ha estado toda la semana sentado mirando a Margarita y Paco ha comido más chocolate que nunca, sobre todo, porque no ha venido con nosotros y no ha podido volver a ver a Anna Ricart. ¡Un magnífico equipo de trabajadores!

—Margarita, llama a Cayetano Gaos. A las once y media lo espero aquí.

Le he explicado a Paco todo lo que hemos descubierto. Paco se ha quedado encantado.

Antes de la reunión con Cayetano, me he encerrado en el baño y he hecho una cosa que nunca hago en el trabajo: me he pintado los ojos y los labios y me he puesto mi mejor perfume. Quería estar guapa.

Más guapa, vaya. A las once he empezado a tener un poco de taquicardia. Me pasa cuando estoy enamorada.

A las once y media en punto Cayetano ha entrado en mi despacho. Le he sonreído desde mi mesa. En realidad quería abrazarlo como Ingrid Bergman a Bogart en «Casablanca».

—Cayetano, me debes setecientas cincuenta mil pesetas y doscientas treinta y tres mil de gastos.

—¿Dejas el caso? —me ha preguntado un poco triste.

—Sí.

—Por favor... Te necesito...

Ha dicho «te necesito» Me necesita a mí, a mí...

—Lo estás haciendo muy bien —ha continuado diciendo.

—Cayetano, lo dejo porque está terminado.

—¿Quééééé? ¿Lo dices en serio?

—Completamente en serio. Tenías razón: Urpiano no existe. El falso Urpiano es un hombre de unos treinta años que vive en esta magnífica casa... Koldo Arregui Elorza.

Le he dado el pasaporte y le he enseñado unas fotos.

—¡Caramba! —ha dicho —¡Qué casa!

—Tiene el estudio escondido detrás de la biblioteca.

Le he enseñado más fotos.

—Vaya, vaya, vaya... —ha dicho.

—Y en el estudio tiene terminados unos veinte cuadros más...

—¿Y ahora qué tengo que hacer?

—Tienes que ir con el pasaporte y las fotos a la policía. Y la policía va a detenerlo...

—Pues voy a ir ahora mismo.

—Mejor.

—Eres maravillosa, Lola. Una verdadera maravilla.

—Pues todavía no me conoces —le he dicho.

A veces digo cosas así.

—Me gustaría... —ha dicho Cayetano.

—¿Te gustaría qué?

—Conocerte.

No le he dicho: «A mí también». Pero me he puesto muy colorada.

—¿Puedo llamarte la semana que viene para salir a cenar y celebrarlo? —me ha preguntado.

—Claro —le he dicho.

—Toma, te dejo aquí el cheque. He puesto una pequeña propina para ti. Gracias por todo, Lola y hasta la semana que viene.

Me ha besado. Como Bogart a Ingrid Bergman en

«Casablanca». ¿Me ha besado por amor o por amor al arte? No importa.

Cuando he visto el cheque casi me muero. Un millón doscientas cincuenta mil pesetas. Soy millonaria. Bueno, casi. Porque tengo que pagar a mis socios.

Hay una cosa que no le he dicho a Cayetano y que nunca se la pienso decir: la existencia de Ángela Hernández. Su novio, Koldo, falsifica cuadros porque ella misma lo ha organizado todo. La historia es más o menos así, creo: hace unos diez años ella tiene unos cuarenta y tres años y tiene un novio joven, jovencísimo, que sabe pintar pero que no vende sus cuadros... Entonces ella se inventa la historia de Urpiano, empieza a explicársela a unos cuantos amigos, los amigos se la explican a otros, los periodistas la publican en la prensa, los críticos elogian, aparecen los primeros cuadros, empiezan a ganar dinero... y así siguen. Ella compra la pintura y los lienzos. Así nadie sospecha de su Koldo. Él vive como un rey en una casa maravillosa y ella vive en un pequeño «bungalow» y sigue trabajando como enfermera...

Las mujeres hacemos muchas tonterías por los hombres.

A las siete y media de la tarde he cogido el teléfono y he marcado el número de Ángela. Estaba en casa.

—¿Diga?

—¿Angela Hernández? Soy la chica del otro día, la representante de «Colours». ¿Te acuerdas de mí?

—Ah, sí, claro, dime.

—Mira, es que te ha tocado el viaje a Nueva York, ¿sabes?

—¿En serio? ¡Qué bien!

—Y resulta que mañana sábado al mediodía tienes que

venir a Madrid para firmar unos papeles... Vas a tenerte que quedar en Madrid un día o dos, ¿te va bien?

Angela no podía decir que no. Teóricamente es una enfermera que gana poco dinero. Y una persona que gana poco dinero tiene que aceptar un premio como ése.

—Sí, por supuesto.

—Al llegar a Madrid, vas directamente al Hotel Victoria. Yo te iré a buscar allí, ¿de acuerdo?

—De acuerdo.

No sé qué le voy a decir mañana. Pero, al menos, la policía no va a encontrar a Ángela en casa de su novio. Y su novio no le va a decir nada de ella a la policía... O, al menos, eso espero.

Alguna vez las mujeres tenemos que salir ganando.

NOTAS EXPLICATIVAS

(1) En España se llama *puente* a los días laborables que se convierten en festivos comprendidos entre una fiesta y un fin de semana. Normalmente *los puentes* se hacen cuando el día festivo es un jueves, un viernes o un martes. Lola Lago se refiere aquí al llamado *puente del Pilar* porque el 12 de octubre es festivo por ser la Virgen del Pilar y la fiesta de la Hispanidad, en la que se conmemora el aniversario del descubrimiento de América por Cristóbal Colón.

(2) En Madrid se llama *la Sierra* a un conjunto de altas montañas (parte del Sistema Central) en el que muchos madrileños han construido su segunda residencia. En la Sierra hay varias estaciones de esquí.

(3) Las *chuletas de cordero* es uno de los platos típicos de la Castilla rural. Se hacen a la brasa y se suelen acompañar de patatas fritas.

(4) En España son muy populares las llamadas *revistas del corazón*, publicaciones especializadas en difundir la vida privada de actores, aristócratas, etc.

(5) En España hay muchas exclamaciones que hacen referencia a la religión pero que han perdido su contenido religioso. *Dios mío* es una de las más frecuentes. Tiene varios usos comunicativos y su significado depende del contexto y entonación (sorpresa, admiración, etc.). Aquí sirve para reforzar lo positivo de la exclamación.

(6) Otra exclamación de origen religioso. Aquí indica sorpresa.

(7) La banca en España está dividida en Bancos y *Cajas de Ahorros*. Ambas instituciones funcionan de un modo muy parecido, pero

la mayoría de los españoles prefiere realizar sus operaciones bancarias cotidianas en las Cajas .

(8) *Catedrático* es el nombre de los profesores de Universidad —o de otros centros de enseñanza oficial—que tienen mayor categoría profesional.

(9) Los fondos de la *Hemeroteca Nacional* están compuestos por periódicos y revistas españoles.

(10) Navarra es una región situada en el norte de España, junto a los Pirineos. Parte de la población se siente vinculada al País Vasco y habla vasco.

(11) *Figueres* es una ciudad de unos cuarenta mil habitantes y es la capital del Alto Ampurdán, región situada al norte de la provincia de Gerona (Cataluña). En Figueres nació Salvador Dalí y está el Museo Dalí, conocido internacionalmente.

(12) Tanto *Cadaqués* como *Port Lligat* son dos antiguos pueblos de pescadores —el segundo pequeñísimo—, situados en la Costa Brava, que fueron muy frecuentados por Dalí . Cerca de Port Lligat se encuentra el famoso Castillo de Pújol, con la conocida "torre Galatea", decorado por Dalí para su esposa Gala. Actualmente ambos pueblos son lugar de veraneo de artistas e intelectuales catalanes.

(13) La *Guerra Civil* española empezó en 1936 por el alzamiento de un grupo de militares dirigidos por Franco contra el gobierno republicano que había sido legítimamente elegido por el pueblo español y terminó en 1939 con la victoria de Franco. La dictadura franquista duró hasta 1976, momento en que empezó la democracia en España.

(14) En España, por la tradición católica, es costumbre poner a las niñas nombres de santas (Teresa, Eulalia,...) o de vírgenes (Pilar, Carmen, Macarena, ...)

(15) *Ser muy suyo* significa ser una persona de mucho carácter o especial.

(16) Es la onomatopeya de la tos en español.

(17) *Nena* es un apelativo familiar que puede usarse para dirigirse a mujeres adultas en relaciones de mucha confianza. Literalmente significa «niña». A Lola le parece paternalista.

(18) El *Café Central* es un bar situado en el centro de Madrid, en la Plaza de Santa Ana, en el que, a última hora de la tarde hay sesiones de jazz en directo.

(19) *El Palacio Real* se empezó a construir en 1737, durante el reinado de Felipe V y se terminó en 1760. Actualmente es un museo y no residencia de los Reyes.

(20) En España. salvo en relaciones de mucha confianza, es habitual rechazar el primer ofrecimiento. La persona que invita, por tanto, está obligada a insistir.

(21) La *Casa de Campo* es un gran parque natural que limita Madrid al Oeste. Muchos madrileños practican deportes, pasean o van a hacer picnic a la Casa de Campo.

(22) En España, entre amigos, es muy normal darse dos besos al saludarse o despedirse.

(23) El *Ampurdán* es una comarca de la provincia de Gerona. Situada junto a la Costa Brava es una zona de gran interés turístico.

(24) El restaurante *Ampurdán* , de cinco tenedores, es uno de los más prestigiosos restaurantes de Cataluña y de los pocos restaurantes españoles considerados como «excelentes» en la Guía Michelin. La expresión *«un día es un día»* se utiliza para indicar que se va a realizar algo excepcional o extraordinario.

(25) El *Talgo* es el tren más rápido de los que existen actualmente en España. Une las capitales españolas más importantes y también Madrid y Barcelona con París y Ginebra.

(26) *Port Bou* es uno de los pueblos fronterizos, junto a la frontera francesa. Está a unos treinta kilómetros de Figueres, la capital del Alto Ampurdan.

(27) *Rosas* es un antiguo pueblo de pescadores que, en la actualidad, es uno de los más masificados lugares de veraneo de la Costa Brava. En invierno tiene una población fija compuesta fundamentalmente por pescadores, comerciantes y jubilados españoles y extranjeros. La bahía de Rosas es una de las más importantes de Cataluña.

(28) *Colorado como un tomate* es una frase hecha que se utiliza para indicar que algo es de un color rojo intenso.

(29) *Ligarse* a alguien significa iniciar una relación amorosa.

(30) Muchos ancianos, cuando se dirigen a personas más jóvenes que ellos, utilizan la expresión *jovencito /a.*

(31) Los *Institutos de Enseñanza Media* son los centros estatales en los que se estudia la enseñanza secundaria en España.

(32) Se refieren a *Paul Gaugin*, pintor francés de la segunda mitad del siglo XIX. Sus cuadros más conocidos son los que representan indígenas de Tahití.

(33) Los españoles usan este término inglés ya que en castellano no hay ninguna palabra que signifique exactamente lo mismo que la inglesa «hobby».

(34) En Cataluña las casas de campo se llaman *masías.*

(35) *Alejandro Chillida* es un escultor español contemporáneo muy cotizado internacionalmente.

(36) La *Plaza de la Paja* está en el centro del Madrid antiguo, el llamado Madrid de los Austrias, una zona con muchos edificios del siglo XVII y XVIII.

(37) El *pollo a la chilindrón* es un guiso aragonés a base de pollo, tomate y pimiento rojo.

¿ LO HAS ENTENDIDO BIEN?

Lunes, 15 de octubre

¿Sabes qué es "hacer puente"? Si no lo sabes, vuelve a leer la nota nº 1.

¿Qué ha hecho Lola durante el puente del Pilar?

¿Qué sabes de...?
— Margarita
— Tony

Lola Lago tiene un nuevo cliente, Cayetano Gaos. ¿Sabes algo de...?
— su físico
— su carácter
— su trabajo

¿Qué problema tiene Cayetano?

?¿Por qué va a visitar a Lola y no a la policía?

En este capítulo, ¿qué sabes de Lola Lago?
— físico
— carácter
— gustos
— costumbres

¿Cuánto piensa pagarle Cayetano a Lola? Escríbelo en cifras.

¿Y a partir de Diciembre? Escríbelo en cifras.

Lola dice: Es el caso más estimulante de los últimos tiempos. Y no sólo por el arte, ¿sabes por qué lo dice?

Martes, 16 de octubre

Escribe todo lo que sabes de los socios de Lola Lago:
— Margarita
— Feliciano
— Paco
— Miguel

Lola reparte las funciones para empezar a trabajar en el nuevo caso, ¿qué tiene que hacer cada uno de ellos?

¿Tienes algún dato más sobre el físico o el carácter o los gustos de Lola? ¿Por qué no los anotas para ir completando su descripción?

Miércoles, 17 de octubre

¿Te parece que la biografía de Urpiano puede resumirse así...?

> "*Pintor coetáneo de Picasso, Dalí y Braque, de estilo entre surrealista y cubista, que durante unos años vive en Figueres y pasa mucho tiempo con Dalí y que después de la Guerra Civil (1939) se va a vivir a la Argentina y desde entonces ya no se tienen más noticias de él. Se ha empezado a valorar desde 1980*".

Si crees que falta algo importante, puedes añadirlo.

En este capítulo sabemos cómo es el nivel cultural de Lola, de Miguel y de Paco, ¿cuál es?

Sin embargo, no conocían a Urpiano, ¿por qué?

¿Tienes algún dato más de Paco, de Miguel y de Lola Lago? ¿Por qué no los anotas para ir completando su descripción?

Dí si estas afirmaciones son verdad o mentira: V   M

Mezquíriz dice que...   □   □
· Urpiano le parece un pintor desigual.   □   □
· Ha sido un pintor maldito.   □   □
· Está de moda.   □   □
· Hay gente que paga mucho dinero por los malos   □   □
  cuadros de Urpiano.   □   □
· Hay gente que dice que Urpiano es Dalí.   □   □
· Mezquíriz cree que Urpiano es peor dibujante que Dalí. □   □
· Hay gente que dice que Dalí hablaba mal de Urpiano. □   □
· Nadie dice que Urpiano no ha existido nunca.   □   □

Apunta todo lo que sabes de Javier Mezquíriz.

Jueves, 18 de octubre

¿Qué hace Lola Lago con los cuadros de Urpiano que tiene Cayetano Gaos en su casa?

¿Hay algo que le parece interesante en los lienzos de Urpiano?¿Qué?

Además de las cuestiones profesionales, ¿qué otras cosas piensa Lola en este capítulo?

¿Tienes algún dato más de Lola Lago? ¿Por qué no los anotas para ir completando su descripción?

Viernes, 19 de octubre

¿Qué dicen Miguel Angel Murillo y Anna Ricart sobre Urpiano?

¿Coinciden con las opiniones de Javier Mezquíriz? ¿En qué?

¿Qué van a hacer Lola y sus socios con la madera y el trozo de tela que Lola ha cogido de los lienzos de Urpiano? ¿Para qué?

Sábado, 20 de octubre

¿Qué hace Lola en el Museo Dalí?

¿Qué otras cosas hace en Figueres?

¿Has aprendido algo en este capítulo sobre el clima de la Costa Brava en el mes de octubre, sobre la ciudad de Figueres, sobre Rosas y sobre el Ampurdán? Escríbelo.

Domingo, 21 de octubre

¿Qué hace Lola en la exposición de cuadros que ve en Cadaqués?

¿Descubre algo? ¿Qué?

Lunes, 22 de octubre

¿Por qué van Miguel y Lola a "Diseño Art"?

¿Por qué Miguel se pone tan nervioso?

¿Por qué Lola pregunta por un cliente, por Arnal Ballester?

¿Por qué coge Lola la llave del despacho?

Lola, para poder entrar tranquilamente en el despacho de "Diseño Art", tiene una idea, ¿cuál?

¿Qué pasa cuando Lola está dentro del despacho?

Miguel hace algo para que Lola pueda salir, ¿qué?

Lola hace algo para que Miguel pueda salir, ¿qué?

¿Por qué "Diseño Art" es tan importante para solucionar el caso de Urpiano?

¿Qué van a hacer Lola y Miguel con los ficheros de los clientes de "Diseño Art"?

Martes, 23 de octubre

En este capítulo se descubren varias cosas importantes para solucionar el caso Urpiano, ¿cuáles son? Anótalas.

¿Por qué Lola se da cuenta enseguida de que Fernando Quintana Moncada no es Urpiano?

¿Y por qué Lola cree que Eduardo Arco Iris tampoco es Urpiano?

Dí cómo son...
— Fernando Quintana
— Eduardo Arco Iris
— Ángela Hernández

Lola nota "algo raro" con Ángela Hernández, ¿por qué crees tú que sospecha de ella?

¿Por qué van a ver a tres personas? ¿Cuál es el criterio para seleccionarlas?

Miércoles, 24 de octubre

Ángela Hernández ha dicho: "Últimamente no tengo tiempo para pintar", pero Lola descubre que...

¿Por qué crees que Lola piensa que tal vez Ángela Hernández no les ha mentido?¿Tienes alguna sospecha tú también?

Cuando Ángela vuelve de trabajar, Lola sabe que, luego, va a ver a un hombre, ¿por qué?

¿Cómo descubren las pinturas del falso Urpiano?

Jueves, 25 de octubre

¿Para qué vuelven Lola y Miguel por la mañana a la "masía" del falso Urpiano?

¿Qué sabes del novio de Ángela Hernández, o sea, de "Urpiano"?

Viernes, 26 de octubre

¿Qué han hecho Margarita, Feliciano y Paco la semana que Lola ha estado en Figueres?

¿Qué va a hacer Cayetano después de saber todo lo que ha descubierto Lola?

¿Cuánto ha cobrado Lola? Escríbelo en cifras.

¿Por qué Lola no le dice nada a Cayetano de Ángela Hernández?

¿Qué hace Lola para que la policía no encuentre a Ángela Hernández?

Ahora que has terminado la novela...

Lola tiene una serie de teorías sobre las mujeres y los hombres, ¿cuáles son? ¿Estás de acuerdo con ella o no? ¿Por qué?

En la novela se describen una serie de costumbres y comportamientos españoles, ¿te ha sorprendido alguno, ¿cuál? ¿Hay costumbre y comportamientos que se parecen a los de tu país? ¿Cuáles?

¿Has aprendido nuevas cosas sobre España y los españoles?, ¿qué?